Über die Autorin

Hildegund Bachkötter-Brömmle wurde in Köttelbritz a.d. Plautze geboren. Ihr Vater Ansgar Bodenlöter, ein streckenloser Streckenwärter bei der Reichsbahn, blieb schon ziemlich früh auf der Strecke. Woraufhin ihre scheue und arbeitsame Mutter Hedwig, geb. Schlofbröter, streckenweise dem Trunke verfiel, was bis heute quartalsmäßig fort dauert.

Hildegunds Mutter wurde von dem Polizeibeamten Heriward Bachkötter in der Gosse aufgelesen und zur Ausnüchterung in Gewahrsam genommen. Dieser warmherzige und rechtschaffene Mann ehelichte später Hedwig Bodenlöter, geb. Schlofbröter, und Hildegund nahm in froher Bereitschaft dessen Namen an. In unendlicher Geduld versuchte Heriward Bachkötter die Familie aus dem Sündenpfuhl herauszuziehen, was ihm nur schwer gelang. Müde geworden, flüchtete er sich eines Tages vollends in den Büroschlaf, den er auch zu Hause konsequent fortsetzte. Irgendwann lernte Hildegund den oftmals arbeits- und zuchtlosen Hannibal Brömmle kennen, dem sie bald verfiel und sexuell hörig wurde. Dieser zwang sie durch leere Versprechungen in eine freudlose Ehe, vor der sie auch ihr Stiefvater trotz intensiver polizeilicher Recherchen nicht bewahren konnte.

Bedingt durch diverse betrügerische Machenschaften war ihr Gatte auf der ständigen Flucht vor seinen Arbeitgebern, was permanente Orts- und Wohnungswechsel zu Folge hatte. Diesen unhaltbaren Zuständen und ihrem Gatten wusste sie sich jedoch inzwischen zu entziehen.

Sie ist derzeit mit dem weltweit anerkannten Sprachwissenschaftler Prof. Dr. Alois Breckenblecker liiert, der auch einige Erläuterungen zum vorliegenden Buch verfasste, und lebt mit ihm in Sprütz a.d. Olle. Dort ist sie als Dozentin für angewandte, alltagstaugliche Betroffenheitslyrik an der Hochschule für Poetische Entgleisungen tätig.

Übrigens ...
Hildegund Bachkötter-Brömmle ist ein Kunstfigur und entsprang Anno 2000 der Fantasie ihrer „Schreibkraft" **Heidemarie Beyer**, die eines Tages plötzlich und unerwartet von ihr heimgesucht wurde und seitdem mit abstrusen Gedichten und Geschichten überschüttet wird.

Näheres im Internet unter
www.bachkoetter-broemmle.de

Hildegund Bachkötter-Brömmle

Abgedichtet

Die Deutsche Nationalbibliothek verzeichnet diese Publikation in der Deutschen Nationalbibliografie; detaillierte bibliografische Daten sind im Internet über dnb.d-nb.de abrufbar.

Herstellung und Verlag:
Books on Demand GmbH, Norderstedt
© 2012 Copyright
Hildegund Bachkötter-Brömmle
www.bachkoetter-broemmle.de
Umschlaggestaltung: Dirk Beyer
Satz und Layout: Dirk Beyer
ISBN 9783848225002
Printed in Germany

Inhalt

Ein bisschen weihnachtlich

Schnötwedisch

Schietwetter

Schwachstellen

Des Dichters Pein

Brömmlericks

Was ist ein Brömmlerick?

Ein Brömmlerick ist ein kurzes, gewaltsam auf lustig getrimmtes Gedicht in fünf Zeilen mit dem Reimschema aabba (Achtung: Nicht zu verwechseln mit dem schwedischen Vokalensemble!).
Die drei a-Zeilen haben meistens folgendes Versmaß:
dadida dadida dadida

Die beiden b-Zeilen gehen häufig so oder so ähnlich:
dadida dadi oder so: **dadadi dadadi**.

Ein Brömmlerick ist also insgesamt gesehen hinsichtlich des Versmaßes in etwa folgendermaßen abgefasst (bitte laut nachsprechen!):
dadida dadida dadida
dadida dadida dadida
dadida dadi
dadida dadi
dadida dadida dadida

Hat, glaube ich zumindest, irgendwas mit Amphibracheis oder Anapäst oder Dideldumdei schrummschrumm ... was auch immer ... zu tun, wobei es sich hierbei wahrscheinlich um Brechmittel oder Hühneraugenpflaster handelt. Die Regel „Reim dich oder ich fress dich" ist typisch für die Brömmlericks und gilt auch für das oftmals schludrig behandelte Versmaß.

Die erste Zeile – manchmal auch die zweite Zeile – nennt gewöhnlich irgendeine uns allen bislang völlig unbekannte Person aus irgendeinem Ort oder einer Gegend, die unwichtig ist und überhaupt keine Rolle spielt. Die Person bleibt uns auch bis zum Ende des Brömmlericks weiterhin unbekannt und die Ortsangabe lässt ebenfalls keinerlei Schlussfolgen zu. Wenn wir großes Glück haben, folgt in der letzten Zeile eine überraschend komische Pointe, die uns ein gequältes Lächeln abringt. Aber das kommt selten vor.

Die ersten Brömmlericks flackerten bereits um 1820 in der Umgebung um Köttelbritz a.d. Plautze auf und breiteten sich dann epidemisch wie ein Flächenbrand bis nach Sprütz a.d. Olle aus, wo sie sich bis heute festgebissen haben und auf dem besten Wege sind, in die Welt auszuschwärmen. Schon im 18. Jahrhundert gab es diese Reimform. Eine Quelle verweist auf eine Sammlung von albernen Kinderreimen, die zu einer allmählichen Verblödung des Nachwuchses führte, die bis heute anhält. Hierbei ist insbesondere die 1765 im Volksmund entstandene Sammlung *Des Wiedehopfs Klagen* beanstandend zu erwähnen, die Gott sei Dank auf dem besten Wege ist, in Vergessenheit zu geraten.

Die nachstehende Sammlung von Brömmlericks, die von Hildegund Bachkötter-Brömmle in jahrelanger, mühevoller Kleinarbeit, verbunden mit eingehenden, sensiblen Recherchen, zusammen getragen wurde, sollte im Interesse unserer Jugend nach der Lektüre möglichst umgehend der Vernichtung zugeführt werden, damit selbige nicht dasselbe Schicksal ereilt wie Generationen vor ihr.

Prof. Dr. Alois Breckenblecker

Ein Teppichverkäufer aus Brake,
der liebte einst 'ne Kakerlake.
Sie ist abgehaun
mit einem Kapaun.
Nun liebt er 'ne hässliche Schnake.

Ein Malergeselle aus München,
der sollte die Wände weiß tünchen.
Doch er strich sie rot
und nun ist er tot.
Sein Meister ließ ihn nämlich lünchen.

Es fragte mich Walter aus Dresden:
„Nu sach mir doch mal, wohin gesden!?"
Ich sagte: „Nach Haus,
nur da halt ich's aus.
Zu Hause gefällt's mir am besden."

Mir sagte 'ne Frau aus Gibraltar:
„Ich lebe hier mit meinem Waltar.
In Köln, dort am Rhein,
mag ich nicht mehr sein.
Im Winter ist es mir zu kaltar."

Ein Mann aus der Gegend um Zwolle,
der war ganz verliebt in Frau Holle.
Sie haute dem Wicht
das Bett ins Gesicht.
Jetzt ist er total von der Rolle.

Es schwammen dereinst in der Seine
zwei innig verbundene Schweine.
Als einer ertrank,
wurd' der andere krank
und weinte still Treine um Treine.

Ein zänkisches Weibsbild aus Weimar
ersäuft' seine Fische im Eimar.
Doch einer entkam,
sprang dem Weib auf den Arm
und schmust nun ganz wild, dieser Schleimar.

Ein Eisbär irrt schlapp durch die Wüste
Und sucht dort das Eismeer samt Küste.
Er fragt ein Kamel,
das guckt blöd und scheel
und zeigt ihm dann stolz seine Brüste.

Ein Schuhmachermeister aus Gießen
wollt' sich eines Tages erschießen.
Er nahm eine Zwille
und traf seine Brille.
Die liegt ihm kaputt nun zu Fießen.

In Oldenburg hat die Mariele
am Fuß eine grässliche Schwiele.
Der Fuß wird schon heiß,
das Mädchen schon weiß.
Jetzt kühlt sie ihn in der Eisdiele.

Übrigens,
mal so zwischendurch bemerkt ...

Es kursiert das Gerücht, dass es eine Verwandtschaft geben soll zwischen den **Brömmlericks** und den irischen **Limericks**. Das liegt durchaus im Bereich des Möglichen, denn jüngste Forschungen haben ergeben, dass im Jahre 1754 eine Großfamilie mit dem Namen Brömmle aus dem Flecken Köttelbritz a.d. Plautze nach Irland auswanderte und es in irgendeinem elendigen Nest mittels Schafzucht und Whiskeygepansche zu hohem Ansehen und finanziellem Reichtum brachte. Der Name Brömmle mutierte dann irgendwann – bedingt durch die sprachlichen Gegebenheiten – zum irischen Namen Limle.

Wer kennt nicht die zu kratzigen Pullovern verarbeitete Wolle der irischen Limlino-Schafe oder den edlen, dreißig Jahre in ranzigen, geteerten Eichenfässern (Tar Oak Wood Finish) gelagerten Limlemore Dew Whiskey, der einem voll in die Birne fährt und einen Rausch verursacht, der mindestens 29 Jahre anhält.

Eine Nachfahrin dieser Sippschaft ist die Linguistin Gundis Brookcutter-Limle, die unlängst tief im irischen regendurchnässten, grünen Schafsweideland unter Verwendung eines Spatens eine kostbare Sammlung von gälischen Limericks aus dem Jahre 1784 mit dem Titel *Hetlet uisce beatha goigae hrm drolen* (sinngemäße Übersetzung: *Nur der Whiskey macht die dämliche Schafzucht erträglich*) ausgrub. Diese enthält unter anderen das folgende Gedicht, das erstaunlicherweise dieselbe Struktur aufweist wie unsere einheimischen Brömmlericks:

Af´´ar ad biném nim schumálla   (**3 mal dadida**)
Ein Schaf kotzte jüngst auf die Weide,

Hetti wod buschrúbud budalla.
Ein anderes voll in die Heide.

Ah lassa wiblami,   (**2 mal dadadi**)
Der Schäfer wurd' sauer,

Es modres gischami.
genau wie der Bauer.

Gemudrit waschnedla bechwalla. (**3 mal dadida**)
Aus Wut saufen sie alle beide.

Mrs. Brookcutter-Limle, die sich durch ihre sprachwissenschaftliche Tätigkeit keinesfalls ausgefüllt fühlt, strickt nebenbei aus der bereits erwähnten Limlino-Wolle fantasievolle Pullover, in die sie in Mustern versteckt Limericks einfügt. Da es sich um einfarbige Wolle handelt, sind sie nur für den Kenner entschlüsselbar. Diese reizvolle Strickware kann im Internet unter www.brookcutter-limle.com direkt bestellt werden. Bezahlung nur mit Kreditkarte. Bei einer Bestellung von hundert Pullovern wird eine Flasche Limlemore Dew gratis beigefügt.

Eine Verwandtschaft von Mrs. Brookcutter-Limle mit der hierselbst wohlgelittenen Lyrikerin und passionierten Brömmlerick-Sammlerin Hildegund Bachkötter-Brömmle liegt verdächtig nahe, zumal diese unlängst bei der Volkshochschule einen Strickkursus bei Edeltraut Stichnoth-Ströpe belegt hat.

Prof. Dr. Alois Breckenblecker

Ein Hundebesitzer aus Bozen,
der traf eines Tages 'nen Lozen.
Der suchte sein Schiff,
das stieß auf ein Riff.
Seitdem fand er alles zum Kozen.

In Lüneburg, dort in der Heide,
da steht eine Kuh auf der Weide.
Vom vielen Heu rupfen,
kriegt sie einen Schnupfen
Das nimmt ihr am Leben die Freide.

Der Egon Schabratzki aus Siegen,
der kann keine Ehefrau kriegen.
Rückt ihm mal ein Weib
zu nah auf den Leib,
lässt Egon vor Schreck einen fliegen.

Ein Organist auf den Lofoten,
der trinkt gerne Wein, und zwar roten.
Spielt er dann den Bach,
macht er nur noch Krach,
als hätt' in den Fingern er Knoten.

Eine Steptänzerin aus Madeira
verliebte sich in einen Leira.
Der fraß ohne Maß,
bis die Hos' nicht mehr saß
und wurd' mit der Zeit immer schweira.

Ich hab eine Tante in Gießen,
die kann mit der Flinte gut schießen.
Trifft sie einen Bock,
kriegt sie einen Schock
und geht in die Kirche zum Bießen.

Eine Meerjungfrau aus Okinawa
Sah immer was, das gar nicht da wa.
Sah sie einen Hai,
rief sie laut: „Au wai!"
Und glaubte, dass das alles wa wa.

Syltiaden ...

Die nun folgenden Brömmlericks wurden von mir im Jahre 2006 unter Zuhilfenahme von Hildegund Bachkötter-Brömmle, der notorischen Urlauberin K.H. und einer Plastikschaufel in den Sanddünen der nordfriesischen Insel Sylt entdeckt. Dabei darf die uneigennützige Unterstützung der einheimischen Bevölkerung nicht unerwähnt bleiben, die die Plastikschaufel gegen eine geringe Leihgebühr zur Verfügung stellte.

Die Entdeckung dieser über 150 Jahre verschollenen Reimlinge stellt für die Wissenschaft eine Revolution dar und bestätigt die Vermutung, dass sich die Brömmlericks auch jenseits von Köttelbritz a.d. Plautze und Sprütz a.d. Olle in weit entlegene, dünn besiedelte Regionen vorgearbeitet haben und dort im Untergrund liebevoll gehegt und gepflegt werden.

Man vermutet bereits, dass sie sogar in der einen oder anderen Hansestadt und deren Randgebieten Fuß gefasst haben. Doch bedarf es diesbezüglich noch profunder Forschungen.

Bei den auf Sylt gefundenen Brömmlericks fällt auf, dass sie sich in ihren Themen sehr beschränkt darstellen, was weitgehend mit den Gegebenheiten der seit Jahrhunderten vom Festland abgeschnittenen Insel und der dumpfen Gefühlswelt der in permanenter Isolation lebenden Insulaner zu erklären ist. Der umwerfend unbändige, nicht enden wollende Seesturm tut noch ein Übriges, indem er den Menschen ständig aufs Gehirn drückt und sie zu Boden zwingt.

Prof. Dr. Alois Breckenblecker

Ein Igel am Sylter Gestade,
der isst furchtbar gern Marmelade.
Auch Himbeerlikör,
den liebt er gar sör,
auch Schnecken gehüllt in Panade.

Die Igel am Sylter Gestrande,
die wühlen klammheimlich im Sande.
Fällt im Winter dann Schnee,
stechen keck sie in See
und tanzen Neptu(h)ns Sarabande.

Ein Seestern im Keitumer Schlicke
hat sich mal verliebt inne Micke.
Die stach unverfrorn
ihm in seine Ohrn.
Da rief er: „Hau ab, alte Zicke!".

Ein Fischer verkaufte in Kampen
nicht nur frischen Fisch auch noch Lampen.
Zwei Weiber im Ort
ham sein Schiff abgeschmort.
Da schrie er: „Verflucht, alte Schlampen!".

Nus – Maßlose Ungereimtheiten

Was ist ein Nu?

Nun, jeder Rätselfreund weiß Bescheid. Ein Nu ist ein Augenblick, sehr kurz und sehr flüchtig. Ein Nu huscht – wusch! – vorbei, ein Gedankenfetzen.

Wie lang ist ein Nu?

Wieso lang? Ein Nu ist niemals lang, ist immer kurz. Ein Nu ist wie eine Skizze, die nach Vollendung lechzt. Er muss ausgemalt und zu Ende gedacht werden, verlangt also die aktive Mitarbeit des Lesers oder Zuhörers.

Versuchen Sie es! Macht Spaß! Und die Zeit vergeht im Nu.

Ihr Herz schlägt wild.
Nein, die Angst,
die Angst
darf niemals siegen!
Mit aller Kraft
beißt sie
die Zähne zusammen.
Ihr Zahnarzt schreit auf.

Er geht
hinaus
in den Garten.
Nur mal
eine rauchen.
Der Sturm
wirbelt ihm wild
die Blätter um die Ohren.
Der Baum
ist noch dran.
Raucher sterben früher.

Die Sonne
brannte
auf mich nieder.
Da brannte ich
durch.

Bienenstich
oder
Streuselkuchen?
Entscheidungen
können
schmerzhaft sein.

Was für ein Tag!
Alles strahlt:
der Himmel,
deine Augen,
das Atomkraftwerk.

Tapfer
kneift er
beide Backen zusammen.
Zu spät.

So ein Himmelbett
ist
gar nicht mal
so
schlecht.
Nur
die Absturzgefahr
ist
verdammt
hoch.

Die Katze im Sack
ist
für Männer
nicht
unbedingt
empfehlenswert.

Ich bin
auf den Hund gekommen,
sagte die Bulldogge,
als sie
auf den Rehpinscher trat.
Der kläffte erbost:
Du lebst auf ganz schön großem Fuße!

Mit
„Es war einmal …“
zu beginnen,
ist
ein ziemlich
imperfekter Anfang.
„Es wird einmal sein …“
ist
ungemein futuristisch.
„Es ist einmal gewesen …“
ist
absolut perfekt.

Tierisch gereimt

Achtung

Die Katze liegt erschlafft im Gras
Und zählt die grünen Halme.
Ich spritz sie mit dem Schlauche nass.
Das bringt sie auf die Palme.
Sie flieht erbost ins Unterholz
Und straft mich mit Verachtung.
Ihr Blick ist voll mit bitterem Stolz.
Darauf reimt sich nur Schl-Achtung.
Oder weiß jemand was Besseres?
Ja, doch:
Umn-Achtung,
Betr-Achtung,
Verschm-Achtung.

Am Bach

Im Rohr, da pfeift die wilde Dommel
Dem Fröschlein frech und laut ins Ohr.
Das Fröschlein greift drauf nach der Trommel
Und schlägt der Dommel schnell was vor.
Ach, welch ein heftiges Gelärme
Erfüllet nun des Baches Lauf.
Den Fischlein schlägt es aufs Gedärme.
Sie regen sich ganz furchtbar auf.
Und eine mutige Forelle
Ruft: „Still jetzt, gebet endlich Ruh!"
Beißt in 'nen Haken auf der Stelle.
Beißt wild hinein, schnappt wütend zu.
Nun hat sie bald schon, was sie will.
Für sie ist es gleich totenstill.

Am Wasser

Am Teiche rauscht der Wasserhahn
Und spreizt stolz sein Gefieder.
Ich dreh ihn zu, den Schludrian.
Nun tropft er – hin und wieder.

Der Ruf der Stille

– Ballade –

Zu des Tages früher Stunde
In der fahlen Dämmerung
Zieht ein Zander seine Runde
Stumm über des Weihers Grund.

Auf den Wiesen Nebelschleier,
Kaum ein Vöglein ist erwacht.
Einsam stelzt ein grauer Reiher.
Grad entschwunden ist die Nacht.

Ach, da naht schon das Verhängnis,
Nimmt das Schicksal seinen Lauf!
Ach, den Fischlein droht Bedrängnis:
Ein Angler stellt die Rute auf.

Die Natur gerät ins Wanken.
O ihr Fischlein, fasset Mut!
Seht, wie er mit seinen Pranken
Ein Würmlein an den Haken tut!

Ach, das Würmchen will sich wehren,
Glitscht entschlossen tief ins Gras.
Doch der Angler kann's entbehren,
Holt ein anderes aus dem Glas.

Dieses kann ihm nicht entrinnen,
Müde spricht es ein Gebet.
So, nun kann das Spiel beginnen.
Der Angler weiß, wie's weitergeht.

Staunend hält der Reiher inne,
Steht verdutzt auf einem Bein.
Das ist nicht in seinem Sinne.
Sollt' das ein Rivale sein?

Ihm entgleitet eine Brasse,
Die er grad im Schnabel hält.
Der Angler schlürft aus seiner Tasse,
Erfreuet sich an Gottes Welt.

Doch die Brasse kommt geflogen,
Landet dann, juchhei, juchhe,
Und in einem großen Bogen
Mitten drin im Frühstückstee.

Wütend folgt ihr drauf der Reiher,
Stürzt wild auf den Angler zu.
Der versinkt darauf im Weiher.
Ja, nun hat die Seele Ruh.

Nur das Würmchen tief im Grase
Lacht sich eins, das kecke Ding.
Und ein kleiner scheuer Hase
Tritt auf einen Engerling.

Dumm gelaufen

In einem Busch im Tannengrund
Da hockte eine Made.
Und kam vorbei ein toter Hund,
Biss sie ihm in die Wade.
Aua!

Geknickt

Die kleine Grille fröhlich nagt
An einem schlanken Halme.
Sie nagt und nagt ganz unverzagt,
Nichts bringt sie auf die Palme.
Da knickt der Halm gar jählings ab!
Das Tier kommt arg zu Falle.
Es flucht und schimpft und nicht zu knapp:
„Du hast sie wohl nicht alle!
Du Blödmann, du bist wohl verrückt!
Kannst du dich nicht mal biegen?"
Das kränkt den Halm und ganz geknickt
Bleibt er am Boden liegen.

Hochsprung

Der stille See, er lächelt mild,
Versteckt sich hinter Weiden.
Ein Fröschlein starrt ihn an ganz wild,
Es mag den See wohl leiden.

Es plirrt mit seinen Äugelein
Und setzet an zum Sprunge.
Es zieht's ins kühle Nass hinein.
Es hechelt mit der Zunge.

Es holet aus und hüpfet los
Ins Wasser rein ins blanke.
Und zielt vorbei ins feuchte Moos,
Trifft eines Erpels Flanke.

Der flattert hoch mit schrillem Schrei,
Den Frosch auf seinem Rücken.
Wie herrlich ist die Fliegerei!
Der Frosch jauchzt vor Entzücken.

Planlos

Am Bahnhof steht ein Pelikan
Ganz mutterseelenalleine.
Kein Zug kommt an und keine Bahn
Fährt heute noch nach Peine.
Er kratzt sich höchst verwirrt das Haupt,
Umkreist von einem Falter.
Nie hätte er das je geglaubt.
Nun fährt er per Anhalter.

Steckling

Mit müdem Tritt und Wüsten-Blick
Schlurft ein Kamel im Sande.
Hat sich verirrt, kommt nicht zurück
Und kommt nicht mehr zu Rande.
Es läuft sich heiß, läuft kreuz und quer
Und ist kurz vorm Verrecken.
Schlüpft tapfer durch ein Nadelöhr.
Und da bleibt es dann stecken.

Vogelfrei

Ein Vogel sitzt auf einer Stange.
Ganz bange.
Nicht lange.
Die Stange bricht,
Der Vogel nicht.
Die Katze fängt ihn auf, den Wicht.

Hier spielt die Musik

An meinen Fleischer

Was flötest du, was geigest du
Auf deiner Wurstmaschine?
Komm, lass das arme Ding in Ruh,
Spiel lieber Violine!

Freibad

Ach, ich sing so gerne laut,
Laut in meinem Bade!
Wenn's laut auf die Fliesen haut,
Kenn ich keine Gnade.
Hallen muss es rund und satt,
Dröhnen in der Brause.
Singe jede Seife matt,
Ich Gesangs-Banause.
Wasser trommelt wild den Takt,
Lässt's im Kopfe klingen.
Mit der Dusche Katarakt
Kann man göttlich singen.
Treffe sicher keinen Ton,
Kann nur mächtig röhren.
Denk: Na, und! Was macht es schon.
Lasst's doch alle hören!
Wie's auch ist und wie's auch sei:
So ein Bad macht ganz schön frei.

J.S.B.

O horch, eine Stimme! Das Ohr sie mir weitet.
Und nun eine zweite, die tapfer mit schreitet.
Schon bald eine dritte und drauf eine vierte.
Wo ist nur die erste? Ob die sich verirrte?
Die zweite, sie drohet sie all zu ersticken.
Die dritte, sie lässt sich
schon gar nicht mehr blicken.
Ist da eine fünfte? Ich kann's nicht durchschauen.
Die will doch der vierten nicht alles versauen?
In meinem Gehirne beginnt es zu schwirren.
Und Stimme um Stimme scheint mich zu verwirren.
Sie rennen mir fort, ich krieg sie nicht zu fassen.
Wie halt ich sie fest? O ich droh zu erblassen!
Na, endlich kommt wieder die erste zum Zuge!
Sie macht mich ganz dusselig,
die Kunst dieser Fuge.

Morbido

Ach, des Knaben Wunderhorn,
Es wollte nicht mehr tuten.

Jeder Ton, er war verlor'n
Wer konnte das vermuten?

Machte schlapp, es war dahin.
Nichts war mehr raus zu holen.

Wie man blies, nichts war mehr drin.
Als hätte man's gestohlen.

Verzag nicht, armes Mägdelein,
So wein' nicht, meine Schöne!

Es muss das Horn nicht immer sein.
Es gibt auch Flötentöne.

Um Himmelswillen!

Hängt der Himmel voller Geigen
Ist's höchst gefährlich, armer Tropf.
Sollt' sich mal ein Gewitter zeigen,
Dann pladdern sie dir auf den Kopf.

Wenn die Saiten dich umschlingen
Und dir ein Wirbel steckt im Po,
Hörst du bald hold die Englein singen
So wie in dulci jubilo.

Ein bisschen
weihnachtlich

Das grüne Kleid

Trägst ein hübsches grünes Kleid,
Nicht zu eng und nicht zu weit.
Wenn ich es ein bisschen schmück',
Strahlst du hell vor lauter Glück.
Doch so Anfang Januar
Stehst du plötzlich nackend da.
Ohne Kleid, ich bitt' dich sehr,
Da gefällst du mir nicht mehr.
Ach, ich schmeiß dich kurzerhand
Einfach an den Straßenrand!
Halt! Den Schmuck nehm ich dir ab,
Den nimmst du nicht mit ins Grab.
Denn ich häng ihn, wenn's soweit,
An ein anderes grünes Kleid.

Hü!

Hü! lauf, mein Pferdchen! Eil geschwind,
Geschwinde wie der Winterwind
Treibt Flocken vor sich her.
Komm, spring mit mir ins Himmelszelt!
Lass hinter dir die bunte Welt
Im großen Sternenmeer.
Fang ein der Sterne Glitzerglanz,
Und tanze wild den Engelstanz
Im hellen Mondenschein.
Und geht uns dann die Puste aus,
So kehren wir zurück nach Haus
Und schlafen selig ein.

Lieber guter Nikolaus!

Schlägst Kinder blau
Und schämst dich nicht.
Dich sollte man verklagen!
Ich weiß genau,
Du garst'ger Wicht,
Das schlägt mir auf den Magen.
Bleib weg von mir!
Lass mich in Ruh,
Sonst kriegst du kalte Füße!
Denn ich hau dir
Sonst meine Schuh
Ganz heftig auf die Nüsse.

Notwehr

Der Winter naht im Sauseschritt.
Ich gleite aus, geh nicht mehr mit.
Der Gips ist hart, der Gips ist weiß.
Und schwer gestaucht ist mir der Steiß.
Auf ‚Stille Nacht' und Gänsebrust,
Da hab ich einfach keine Lust.
Und kommt mir blöd der Weihnachtsmann,
Greif ich ihn mit dem Krückstock an.
Süßer die Glocken nie klingen …

O Tannenbaum

Ich haute meine Tanne
Ganz lieblos in die Pfanne.
Ich hatte sie zu tadeln,
Denn sie fing an zu nadeln.
Das sah nicht gut aus.

Wunschtraum

Ach, Welt, vernehme süße Düfte,
Lass Träume schweben durch die Nacht!
Lass Wunder fliegen durch Lüfte!
Das Herz froh staunt und schlägt ganz sacht.

Der Engel Hauch uns sanft umfanget,
Umschmeichelt unsere Seelen still.
Nach Frieden es uns tief verlanget,
Nach Frieden, den die Welt nicht will.

O heile Welt, gingst du verloren?
Bist, ach, so fern, bist, ach, so weit.
Du heile Welt wardst nie geboren,
Nicht mal zur schönen Weihnachtszeit.

Schnötwedisch

Was ist Schnötwedisch?

Die schnötwedische Sprache wurde bis 1913 in Nord-Schnötwedland gesprochen, insbesondere in der morastigen Gegend um Öllpersumfien und Löffplidden.

Ich entdeckte bereits als verschollen gegoltene Gedichte der schnötwedischen Heimatdichter Jämmer tum Brägen (1864-1899) und Jöcklind Aydöchter (1797-1851) in Öllpersumfien im Nachlass der Witwe Persillje tum Brägen, die auf jämmerliche Weise 1905 an einem Schlagfluss endete, und halte sie für so bemerkenswert, dass ich es als unumgänglich erachte, sie einer breiten Leserschaft zugänglich zu machen.

Deshalb ließ ich einige davon in meinem Gedichtband Aufnahme finden. Sie entstammen übrigens Jämmer tum Brägens beachtenswerter heimatverbundener lyrischer Sammlung „Ratzmäuslers liebfrieder Schnupf", die 1884 ihren Anfang nahm und 1899 mit dem Tode des Poeten, ausgelöst durch den Stich einer heimtückischen Sägehornbiene, ein jähes Ende fand.

Zur posthumen Würdigung Jämmer tum Brägens beabsichtige ich, „Ratzmäusler liebfrieder Schnupf" irgendwann einmal als Buch zu veröffentlichen. Dessen handgeschriebene Seiten bedürfen jedoch zuvor noch einer intensiven Restaurierung und textlichen

Rekonstruktion, da sie durch intensiven Silberfisch-chen- und Bücherläusefraß, bedingt durch lange Lagerung auf dem Dachboden, arg in Mitleidenschaft gezogen wurden.

Der Schwanich und die Kran

Erdmanda, Erdmanda, du strerbende Kran,
  verhörst du die Eichkörnchen schlatzen,
Wo übel des Hützels verblütenden Schlan
  Die Tannzatzen bödlings verratzen?
Dort wunter des Trullermanns liebfrieder Schnupf
  Das Rotznehlchen türülüüret,
Verlauert heimtückrisch des Schwanichs Verrupf
  In Trötzlingens Holze verblüret.
Schnötweden, der Drötter wird Schwanich genennt,
  So schümpfet ihn breder Tannhäusler.
So schümpfet ihn jedweder, wolch ihn verkennt,
  Vom Flederfliech bis zum Ratzmäusler.
Erdmanda, Erdmanda, schnill striebst du wie hin,
  Und schnatterst schlampf mit deinem Fnügel.
Der Schwanich, der Drötter, plackt strampfet
  dein Kinn,
  Verknötelt dein Gurg mit Vergnügel.
So weilchet das Leben schlurz aus deiner Kehl,
  Verdüdelt verraffst du dahinne.
Vorbeu, ach, vorbeu ist nu alles Verquehl.
  Rot Bluot durch manch Tannzatzen rinne.

Jämmer tum Brägen

Hademund

– Ballade –

Mit des Morgens schlampfer Gräue
Drumpft der Ritter Hademund
Aus des Bettes pfühler Schmäue.
Tritt entschlopft auf seinen Hund.

Dieser schmühlt mit laut Verschnuffen
Auf der Dielen Brettgestängt.
Seufzchen aus der Kehl ihm pluffen
Als des Hackens Ploff ihn drängt.

Schon verbeißt sich sein Gezähne
In des Ritters Fladenbein.
Blutzig rinnt ein rot Geträhne
In der Dielen Schmaden ein.

Und mit hupfelndem Getrappe
Blüpft der Ritter durchs Gemach,
Blüllert nach dem trutzen Knappe,
Der den Knöter ihm entsach.

Dieser eilet mit dem Schmärte
In der Hand ins Zimmerling.
Hiebt dem Ritter in die Quärte
Mit der schlarpfen rostig Kling.

Hiebt vorbei am bissgen Knöter.
Hademund tut bittrig schrein.
Dumpig Gselch, der Knapp, der Blöter,
Trencht ihm ab das Fladenbein.

Ach, wie freucht sich drupp das Hundel!
Schnarpft sich fron die Morgengarb.
Knochen knarkt in seinem Mundel.
O welch wulderbrader Tarb!

Hademund in Zodeseifen
Grimft zum Schmärte mit Gestrei.
Knapp und Hundel müssen weifen.
Auf den Dielen summelt Brei.

Weh, der Ritter Hademund
Stribt mit Knapp und bissgem Hund!
Das Gesünd mit schrapp, schrapp, schrapp
Wüscht die dreckchen Dielen app.

Jöcklind Aydöchter

Ratzmäusel

Ratzmäusel, liebs Schnäusel, liebs Räbbeldibäb!
Was blürest und schümpest du laude?
Verratzest Rotznehlchens gesampeltes Schnäpp
Auf Tannzatzens knisprigem Knaude.

Ratzmäusel büst emsrig, büst wühlich und köck.
Lass Rotznehlchen friedelich fliegern!
Beiß nit allern Vöglern verratzt ins Genöck,
Sonst hieb mit der Kling ich dirs Kniegerl.

Jämmer tum Brägen

Schietwetter

Fallobst

Wenn die Blätter raschelnd fallen
In des Herbstes kühlem Wind
Und die Eicheln prasselnd knallen
Auf Dein Haupt, o liebes Kind.
Ja, dann klag nicht, nicht verzagen!
Dafür gibt es keinen Grund.
Das schlägt dir nicht auf den Magen,
Darum halte schön den Mund.
Auch Kastanien platzen, brechen,
landen päng! auf deinem Fuß,
Ach, du kannst von Glück nur sprechen,
Übler wär 'ne Kokosnuss.

Herbst

Seht, des Sommers bunte Fülle
Welkt dahin ganz sanft und sacht.
Und des Nebels weiße Stille
Hat uns um die Sicht gebracht.
Und der Sonne warme Strahlen
Kämpfen müd' sich durch den Dunst.
Bald schon nahen des Winters Qualen.
Ja, der Sommer ist verhunzt!
Hatten wir denn überhaupt einen?

Huiii!

Der Wind, er sauset um das Haus.
Doch bald geht ihm die Puste aus.
Schon keuchend in den letzten Zügen,
Will er noch flugs ein Bäumlein biegen.
Da tritt Herr Wartmann vor die Türe,
Damit er seinen Hund ausführe.
Das Bäumlein, es wird sein Geschick:
Es fällt dem Hundchen ins Genick
Und raubet ihm sein Augenlicht.
Herrn Wartmann aber grämt das nicht.
Denn er hat nun seit jener Stund
'nen formidablen Blindenhund.
Wau, wau …

Lass das!

Leidvolle Tage, grämliche Zeit,
Dämliche Frage: Wann ist's soweit,
Dass du die himmlischen Schleusen verschließt
Und mich nicht dauernd von oben begießt?
Ich habe Urlaub, so geht das nicht.
Petrus, ach, Petrus, nun halt endlich dicht!

Schon wieder

Ach, holder Lenz, mit Zauberhand
Lässt alles du ersprießen.
Lässt Blümlein blühn am Wegesrand,
In Wald und Feld und Wiesen.
Die Nase niest,
Ins Auge schießt's.
Ich fühl mich ganz benommen.
Ach, lieber Frühling, ja, du bist's!
Ich seh dich nur verschwommen.

Trübsal

Durch des Nebels trübe Brühe
Dringet nicht der Sonne Licht.
Auf den Weiden frieren Kühe.
Welkes Laub vom Baume bricht.
Schwere lastet auf der Seele,
Trübsinn rinnet ins Gemüt.
Melancholisches Gequäle
Mir durch alle Glieder zieht.
Aus dem Auge Tränen quellen,
Kullern mir die Wang' hinab.
Und die Nas' beginnt zu schwellen.
Ach, ich fühl mich ja so schlapp!
O was ist's nur, das ich suche,
Was schenkt meinem Innern Ruh?
Müd' greif ich zum Taschentuche.
Herbst schlägt wieder gräulich zu!
Hatschiii!!!

Schwachstellen

Antikörper

Wir verstehen uns nicht,
haben uns nie verstanden
und werden uns niemals verstehen.
Du machst mich bitter.
Quälst mich unerbittlich.
Bitterböse.
Deshalb
Schluss, Aus, Feierabend
mit uns:
Ich werfe dich mir vor den Zug.
Werfe mir hundert Tabletten in deine Kehle.
Lasse dich den Gashahn aufdrehen.
Lege mir eine Schlinge um deinen Hals.
Springe dich vom Empire State Building.
Nun, gut,
an der Reihenfolge muss ich noch arbeiten …
Doch zumindest landest du kaputt im Grab
und ich,
ich guck mich mal
nach einer neuen Bleibe um –
so rein physisch gesehen.

Ausgang

Deine Haare sind ja weg.
Sie sind wohl ausgegangen.
Alles blank, o welcher Schreck!
Doch noch kein Grund zu bangen.
Jeder geht doch gern mal aus,
Um sich zu verlustieren.
Auch das Haar liebt Saus und Braus.
Das muss man akzeptieren.

Blässe

Da fliegt sie hin, die schöne Zeit
Und ist mir bald entronnen.
Schlapp wird ihr kunterbuntes Kleid,
Verblasst sind alle Wonnen.

Wie könnt' ich sie noch bunt vernaschen,
Hätt' ich sie mit Perwoll gewaschen!

Lückenbüßer

Lirum larum Löffelstiel,
Bernhard auf die Schnauze fiel.
Zahn brach ab. Das ging ratzfatz.
Wer bezahlt den Zahnersatz?
Keiner baut ihm eine Brücke.
Stumm verbirgt er seine Lücke.

Muss mal

Man muss oftmals dann,
Wenn es nicht sein muss.
Das vermusst die Stimmung
Und macht mussmutig.
Muss das sein?

Nimm's hin

So manchem hienieden
Ist Leid oft beschieden.
Und er möcht' sich grämen,
Das Leben sich nehmen.
Doch halt, liebe Seele!
Bevor man sich quäle,
Sollt man sich nicht scheuen,
Ganz ohne zu reuen
Und ohne zu bangen
Mal kühn zuzulangen.
Ein and'rer sonst tut es
Und nimmt dir manch Gutes.
Und du kannst auf Erden
Mal wieder nichts werden.

Notgedrungen

Im dichten, dunklen Unterholz,
Im grünen, weichen Moose
Da hockt ein Knabe, schön und stolz
Und zieht sich aus die Hose.
Es kneift ihm heftig im Gedärm.
Er kann dem nicht entrinnen.
Er drückt scharf ab, macht heftig Lärm
· Und trifft zwei junge Spinnen.
Sanft sinken sie ins Moos hinein,
Ganz weich und dennoch quälend.
Der Knabe pfeift ein Liedlein fein.
Es bleibt ein Häufchen Elend.

Obsession

Mein Verlangen, mein Begehren,
Alles strebet zu dir hin.
Ich kann mich dir nicht verwehren,
Weil ich dir verfallen bin.
Wenn dein Odem mich umnebelt,
Mich im Innersten durchdringt,
Ist der Geist mir ausgehebelt,
Der Verstand mir ausgeklinkt.
Ach, ich brauch dich, ach, ich will dich,
Meine Sehnsucht ist so groß!
Wenn dein weißer Hauch umhüllt mich,
Komm ich nimmer von dir los.
Ob ich steh' am Küchenherde,
Ob ich sauge durch mein Haus,
Niemals ich dich lassen werde,
Nie komm ohne dich ich aus.
Oder mir die Bluse plätte,
Ob die Beine mir rasier,
Ach, du kleine Zigarette,
Immer bist du nah bei mir!

Quälgeist

Geh endlich fort, lass mich allein
Und gönn' mir meinen Frieden!
Ich möcht' gern wieder fröhlich sein
Auf dieser Welt hienieden.
Doch du, du quälst mich Nacht um Nacht.
Ich kann ja kaum noch pusten.
Hast mir mein Leben schwer gemacht,
Du gottverdammter Husten!

Schrei doch!

O betrübe meine Seele nicht!
Lass sie fliegen dahin,
dahin wie geschnitten Brot im Universum,
wie Blatterpocken im Unterarm!
Bereit zu offenbaren des Daseins Verdruss.
O du Dödelmann,
verzurre nicht den Gaul an der Sense deines Lebens!
Zu Füßen der greinenden, sich raufenden
Mutter Erde
mög' welken der Hanf mit Tanderadei
an der Augenhöhlen dunkel Gebälk.
Auf immer, jetzt und nimmerdar.
Allzeit versäuselt im wimmernden Wind,
so will ich hiedannen mich windend
durch der Tage bröckelndes Siechen
aufbäumend hechelnd schreien:
Lass fahren dahin, wo immer ich bin!
Ob hier, ob da:
Tirallalla.

Schwachzone

Das Leben macht mich schwach.
Die Welt wird immer töter.
Denk ich mal drüber nach,
Dann grummelt's mir im Pöter.

Strampelanzug

Du strampelst dich ab.
Und dann machst du schlapp
Und landest zack, klapp
Im Grab.
Auf dass aus dir werde
Schön lockere Erde.
Du fragst nach dem Sinn?
Nun, Sinn
Ist nicht drin.
Den kannst du vergessen,
Wenn Würmer dich fressen.
So enden fatal
All Freuden und Qual –
Banal.

Versumpft

Mirandas gelber Strumpf
Versackte tief im Sumpf.
Er hing ihr noch am Fuße.
Weg war sie!
Gott zum Gruße.

Hhmmm …!

Ei, Ei ...

Ein wohl gelungenes Hühnerei
Entkam dem Osterhasen.
Es seufzt ganz tief, fühlt sich ganz frei.
Ich hab's dann ausgeblasen.

Nun schmurgelt's in der Pfanne wohl,
Erfreut bald meinen Magen.
Ist außen hübsch und innen hohl.
Was gibt's da noch zu sagen?

Hhmmm ...!

Ein kleines zartes Suppenhuhn
Schwimmt still in seiner Brühe.
Es hat ja sonst auch nichts zu tun.
Ich gab mir solche Mühe:
Ich rupfte es, nahm manches raus
Und schlug ihm ab das Köpfchen.
Nun ruht es sich erst einmal aus
In meinem Suppentöpfchen.
Sanft eingerahmt vom Suppengrün
Hat es nicht viel zu sagen.
Mich zieht es zu dem Hühnchen hin,
Denn mir knurrt schon der Magen.

In Windeseile

Immer wenn ich Bohnen esse
Wird es windig im Gedärm.
Ob bei Kälte oder Nässe,
Bohnen machen deftig Lärm.
Bohnen lass ich gern mal sausen
Und lass mich auf Weißkohl ein.
O dann gibt's ein strammes Brausen!
Ja, dann kann es stürmisch sein.
Aber erst beim Sauerkraut
Fährt's so richtig aus der Haut.

Mit Hut

Ein kleiner brauner Pfifferling
Steht unter einer Tanne.
Das Rumstehen ist nicht so sein Ding.
Ich hau' ihn in die Pfanne.

Verfallsdatum

O schöner stolzer Schimmel!
So grau und dick und stark
Sitzt du, du alter Lümmel,
Auf meinem Erdbeerquark.
Igitt!

Auch das noch!

Dasein

Wenn du da bist,
Ist es gut.
Wenn nicht,
Noch besser.
Am besten,
Wenn du da bist,
Wo ich nicht bin.

Ein bisschen Meer

Im Meer versank die Sonn' blutrot
Am fernen Horizonte.
Ich schlug grad eine Mücke tot,
Weil ich nicht anders konnte.

Es spritzte auf die wilde Gischt,
Die Sonn', sie war ertrunken.
Das hat ganz fürchterlich gezischt.
Ich hab' ihr nachgewunken.

Es weht' zu mir ein kühler Hauch
Ans friedliche Gestade.
So einsam war's, kein Baum, kein Strauch
War'n da, nicht mal 'ne Made.

Und ich, ich saß nun ganz allein
Am dämmerdunklen Strande.
Wie schön könnt dieser Abend sein,
Verlief er nicht im Sande …

Erfrischung

Fröhlich spricht die fesche Anne:
„Ich steig jetzt mal in die Wanne."
Doch es ist fürwahr, fürwahr
Einfach keine Wanne da.

Nicht geeignet ist die Pfanne,
Deshalb greift sie zu der Kanne
Und erfrischt mit kühlem Guss
Sich vom Kopfe bis zum Fuß.

Blinzelt keck zu ihrem Manne,
der liegt unter einer Tanne.
Frisch begrünt von Gras und Moos
Ist mit ihm nicht mehr viel los.

Er betrog mit Nachbars Hanne
Seine Frau, die schöne Anne.
Diese schlug dann eins, zwei, drei
Mit dem Spaten ihn zu Brei.

Nun wird ruh'n er eine Spanne.
Anne tröpfelt aus der Kanne
Ihm noch ein paar Spritzer zu.
Ja, jetzt hat die Seele Ruh.

Frühling

Ein Veilchen steht am Wegesrand
Gar sittsam und bescheiden.
Schnell pflück' ich's ab mit leichter Hand.
Ich mag das Veilchen leiden.
Doch bald schon welkt es schlapp dahin,
Kann's Köpfchen kaum noch recken.
Da kommt mir plötzlich in den Sinn,
Es in ein Buch zu stecken.
Auf Seite Hundert pack ich's rein,
Um es hübsch platt zu drücken.
Will ich es seh'n, schau ich hinein
Und groß ist mein Entzücken.

Gipfelstürmer

Ach, Wanderer, was zagest du
Dort auf des Berges Gipfel!
Siehst nicht im Tal die stramme Kuh,
Schaust nicht der Bäume Wipfel.

Wie ist es doch so lieblich still,
Kein Lüftchen säuselt leise.
Du spürest hier des Herrgotts Will.
Ein Adler zieht schon Kreise.

Er stürzet jäh auf dich hinab,
Der hässliche Geselle.
Und frisst dir beide Ohren ab.
Ein zweiter ist zur Stelle.

Sie machen dir bald den Garaus
Und krächzen ganz verschroben.
Du findest nimmermehr nach Haus.
So endest du – ganz oben.

Hä ...?

Komm,
Mach mich frei!
Nein,
So doch nicht!!
Ja,
merkst du nicht,
Wie
Kalt es ist?

Knallhart

Wie bunt war die Silvesternacht!
Wir haben Knall und Bum gemacht.
Warst nicht mehr ganz alleine.
Weg sind nun deine Beine.
Sie flogen hoch mit Ach und Krach
Und liegen nun auf meinem Dach.

Kompromiss

Ein graues Steinchen, wild und kühn,
Sehnt sich nach einem Ringe.
Dort möcht es funkeln und erblühn.
Als ob das mit ihm ginge!
Es träumt und träumt und wünscht sich stumm,
Dass jemand es errette.
Jetzt hängt es mir am Halse rum,
Ganz stolz, an einer Kette.

O Helgoland

O Helgoland, wie bist du schön!
Zu dir kann man zu Fuß nicht gehn.
Denn Helgoland, ganz unterkühlt
Wirst von der Nordsee du umspült.
Nur rote Felsen, wenig Strand,
So siehst du aus, mein Helgoland.
Und um die Felsen schroff und stumm,
Da fliegt so manche Lumme rum.
Und mancher Rentner mit Gebiss
Erfreuet sich am Lummenschiss.
Doch danach steht mir nicht der Sinn.
Mich zieht's zur Langen Anna hin.
Ach, Anna, liebstes Annalein,
Mit dir, da sprech ich auch Latein.
Drum:
A-N-N-A,
Schon bald bin ich da!
Navigare necesse est.
Ahoj Brause!

Osterferien

Ostern ist's in Wald und Flur.
Ach, herrje, was mach ich nur?
Eiersuchen en suivant?
Dafür ist die Zeit zu lang.

Ich beschränk mich auf 'ne Pause,
Bleibe schlicht einfach zu Hause.
Lass die andern hetzen, rennen.
Warum Ostern nicht verpennen?

Nichtstun tut der Seele gut.
Macht sie fröhlich, gibt ihr Mut.
Hasen sind mir schnurzegal.
Hoppelt nur! Ihr könnt mich mal!

In diesem Sinne: ein komfortables,
hoppelfreies Osterfest.

Pandora

Wer sitzet am Gestade dort und holt sich
kalte Füße?
Das kann doch nur Pandora sein, die Reizende,
die Süße.
Der Epimetheus, dieser Depp, ließ sich von
ihr betören.
Sie klappte ihm die Büchse auf, denn das war
sein Begehren.
Schwupp! schwirrte alles Unheil raus, die Welt
versank in Plagen.
Die Hoffnung packte sie nicht aus. Drum lasst uns
nicht verzagen.
Moral:
Mit Schmeicheln kann ein holdes Weib und
allerlei Geschenken
So manchen sonst so klugen Mann und seine
Welt verrenken.

Spritzwasser

In der Nacht fliegt eine Arche
Über Regenwolken hin.
Stürzt jäh ab, weil ich so schnarche
Und nicht so für Archen bin.
Landet platsch! in einer Pfütze
Und zerschellt an einem Baum.
Noah schimpft, wem das wohl nütze.
Ja, das war's. Päng! Aus der Traum.

Träumchen

Es hängt an einem Wunderbaum
Ein kleiner abgenutzter Traum.
Er baumelt hin und baumelt her.
Sieht aus, als will ihn keiner mehr.
Ich habe ihn mir abgepflückt
Und innig an mein Herz gedrückt.
Dort halte ich ihn ganz doll fest,
Damit er niemals mich verlässt.
Was hätt' ich alles schon versäumt,
Hätt' jeden Traum ich ausgeträumt.
Ach, wenn er immer bei mir bliebe,
Der kleine Traum von Glück und Liebe!

Des Dichters Pein

Abgedichtet

Ob ich fort bin, ob daheime
Immer bin ich voller Reime.
Wenn sie aus dem Kopf mir wirbeln,
Muss ich sie ins Versmaß zwirbeln.
Muss sie hegen, muss sie pflegen,
Muss sie feilen, manchmal sägen
Bis sie zahm und abgerichtet.
Erst in Versen aufgeschichtet
Sind sie dann hübsch –
Abgedichtet.

Blockade

Ich habe eine Dichtblockade.
Das ist nicht schlimm, nur mächtig schade.
Ganz abgedichtet ist mein Kopf.
Die Dichtkunst wird zum dichten Pfropf.
Der macht mich dicht und immer dichter.
Kein Vers kann raus, nicht mal ein schlichter.
O Gott, nun ist es bald soweit:
Ich schreibe nur noch episch breit.

Dicht dran

Ein jeder Dichter hätte gern,
Das muss man wohl benennen,
Dass seine Dichtkunst nah und fern
Die Menschheit möge kennen.

So geht's auch mir. Ich seh es ein.
Doch wie soll das gelingen?
Da kann man noch so emsig sein,
Man kann es nicht erzwingen.

Berühmt zu werden, ist nicht schwer –
Jetzt funkt's, du meine Güte! –,
Wenn meine Verse stehen quer
Auf jeder Aldi-Tüte.

Rettungsring

Ich muss oft am Leben leiden,
An der Welt und überhaupt.
Würd' das Leben gern vermeiden.
Fühl mich müde und verstaubt,
Wenn der Trübsinn mich umzingelt,
Melancholisch mich entrückt,
Und das Glück nicht bei mir klingelt,
Alles mich zu Boden drückt.
Ach, da hülfet mir nur Eines!
Wenn das Leid mich schier zerbricht,
Schreib ich einfach mal ein kleines
Liebenswürdiges Gedicht.

Schüttel mich mal!

Ich kann nicht mehr Fichten.
Ich kann nicht mehr leimen.
Kann brüchige dichten
Schon lang nicht mehr reimen.

Lass nadelnde Märchen
Am Boden vermieseln
Und schaurige Lärchen
Von Zwergen verrieseln.

Verlassen von Busen
Verzehr ich gewunden.
Kein Vers hat im Musen
Ins Herz sich die Stunden.

Ach, Musen, geblieben,
Ergreift mich am Kopfe!
Kein Reim ist ihr Lieben
Im kopflosen Schopfe.

Verdichtung

Schlägt sich jemand auf die rechte Backe
Wegen linker Verse,
So wirf solange ein Auge auf ihn,
Bis er sich kopflos
Vor Verworfenheit
Keinen Reim drauf machen kann.
Alles ist ausgedacht.

Inhalt (alphabetisch)